SÍNODO DOS BISPOS
XIV ASSEMBLEIA GERAL ORDINÁRIA

A VOCAÇÃO E A MISSÃO DA FAMÍLIA NA IGREJA E NO MUNDO CONTEMPORÂNEO

LINEAMENTA

Direção-geral: *Bernadete Boff*
Editora responsável: *Maria Goretti de Oliveira*

Nenhuma parte desta obra poderá ser reproduzida ou transmitida por qualquer forma e/ou quaisquer meios (eletrônico ou mecânico, incluindo fotocópia e gravação) ou arquivada em qualquer sistema ou banco de dados sem permissão escrita da Editora. Direitos reservados.

Paulinas
Rua Dona Inácia Uchoa, 62
04110-020 – São Paulo – SP (Brasil)
Tel.: (11) 2125-3500
http://www.paulinas.org.br – editora@paulinas.com.br
Telemarketing e SAC: 0800-7010081

© Pia Sociedade Filhas de São Paulo – São Paulo, 2015

PREFÁCIO

No final da III Assembleia Geral Extraordinária do Sínodo dos Bispos acerca do tema *Os desafios pastorais sobre a família no contexto da evangelização*, realizada em 2014, o Papa Francisco decidiu tornar pública a *Relatio Synodi*, documento com o qual se encerraram os trabalhos sinodais. Ao mesmo tempo, o Santo Padre indicou que este documento constituirá os *Lineamenta* para a XIV Assembleia Geral Ordinária sobre o tema *A vocação e a missão da família na Igreja e no mundo contemporâneo*, que terá lugar de 4 a 25 de outubro de 2015.

A *Relatio Synodi*, que é enviada como *Lineamenta*, terminou com as seguintes palavras: "As reflexões propostas, fruto dos trabalhos sinodais que tiveram lugar em grande liberdade e segundo um estilo de escuta recíproca, tencionam levantar interrogações e indicar perspectivas que deverão ser amadurecidas e especificadas pela reflexão das Igrejas locais ao longo do ano que nos separa da Assembleia Geral Ordinária do Sínodo dos Bispos" (*Relatio Synodi*, n. 62).

Aos *Lineamenta* acrescenta-se uma série de perguntas para saber como o documento foi recebido e para solicitar o aprofundamento do trabalho começado durante a Assembleia Extraordinária. Trata-se de "voltar a considerar com renovados vigor e entusiasmo aquilo que a revelação, transmitida na fé da Igreja, nos diz sobre a beleza, sobre o papel e sobre a dignidade da família" (*Relatio Synodi*, n. 4). Nesta perspectiva, somos chamados a viver "um ano para amadurecer, com verdadeiro discernimento espiritual, as ideias propostas e encontrar soluções concretas para muitas dificuldades e numerosos desafios que as famílias devem enfrentar" (Papa Francisco, *Discurso conclusivo*, 18 de outubro de 2014).

As Conferências Episcopais estão convidadas a escolher as modalidades adequadas para esta finalidade, comprometendo todos os componentes das Igrejas particulares e instituições acadêmicas, organizações, agremiações laicais e outras instâncias eclesiais.

RELATIO SYNODI DA III ASSEMBLEIA GERAL EXTRAORDINÁRIA (5-19 DE OUTUBRO DE 2014)

Introdução

1. O Sínodo dos Bispos, congregado ao redor do Papa, dirige o seu pensamento a todas as famílias do mundo, com as suas alegrias, as suas dificuldades e as suas esperanças. De modo particular, sente o dever de dar graças ao Senhor pela fidelidade generosa com a qual tantas famílias cristãs respondem à sua vocação e missão. E fazem-no com alegria e com fé, mesmo quando o caminho familiar as coloca perante obstáculos, incompreensões e sofrimentos. A estas famílias dirigem-se o apreço, o agradecimento e o encorajamento da Igreja inteira e deste Sínodo. Na vigília de oração celebrada na Praça de São Pedro, no sábado, 4 de outubro de 2014, em preparação para o Sínodo sobre a família, o Papa Francisco evocou de maneira simples e concreta a centralidade da experiência familiar na vida de todos, expressando-se com estas palavras: "Desce já a noite sobre a nossa assembleia. É a hora em que de bom grado se regressa à casa para se reunir à mesma mesa na consistência dos afetos, do bem feito e recebido,

dos encontros que abrasam o coração e o fazem crescer; vinho bom que antecipa, nos dias do homem, a festa sem ocaso. Mas é também a hora mais pesada para quem se vê cara a cara com a própria solidão, no crepúsculo amargo de sonhos e projetos desfeitos. Quantas pessoas arrastam os seus dias ao beco sem saída da resignação, do abandono, ou até do rancor! Em quantas casas faltam o vinho da alegria e, consequentemente, o sabor – a própria sabedoria – da vida! Nesta noite, com a nossa oração, tornemo-nos voz de uns e de outros: uma prece por todos".

2. Ventre de alegrias e de provações, de afetos profundos e de relacionamentos por vezes feridos, a família é verdadeiramente "escola de humanidade" (cf. *Gaudium et Spes*, 52), cuja necessidade é fortemente sentida. Não obstante os numerosos sinais de crise da instituição familiar nos vários contextos da "aldeia global", o desejo de família permanece vivo, de forma especial entre os jovens, motivando a Igreja, perita em humanidade e fiel à sua missão, a anunciar incessantemente e com profunda convicção o "Evangelho da família", que lhe foi confiado mediante a revelação do amor de Deus em Jesus Cristo e ininterruptamente ensinado pelos Padres, pelos Mestres da espiritualidade e pelo Magistério da Igreja. A família adquire para a Igreja uma importância totalmente particular e, no momento em que todos os fiéis são convidados a sair de si mesmos, é necessário que a família volte a descobrir-se como protagonista imprescindível da evangelização.

O pensamento dirige-se ao testemunho missionário de numerosas famílias.

3. Sobre a realidade da família, decisiva e preciosa, o Bispo de Roma exortou a meditar o Sínodo dos Bispos na sua Assembleia Geral Extraordinária, que teve lugar em outubro de 2014, para depois aprofundar a reflexão na Assembleia Geral Ordinária, que se realizará em outubro de 2015, bem como durante o ano inteiro que intercorre entre estes dois acontecimentos sinodais. "O próprio *convenire in unum* à volta do Bispo de Roma já é evento de graça, no qual a colegialidade episcopal se manifesta num caminho de discernimento espiritual e pastoral": com estas palavras o Papa Francisco descreveu a experiência sinodal, indicando as suas tarefas na dúplice escuta dos sinais de Deus e da história dos homens, e na dupla e única fidelidade que disto deriva.

4. À luz deste mesmo discurso reunimos os resultados das nossas reflexões e dos nossos diálogos nas seguintes três partes: a escuta, para analisar a realidade da família hoje, na complexidade das suas luzes e das suas sombras; o olhar fixo em Cristo, para voltar a considerar com renovados vigor e entusiasmo aquilo que a revelação, transmitida na fé da Igreja, nos diz sobre a beleza, sobre o papel e sobre a dignidade da família; e o confronto à luz do Senhor Jesus, para discernir os caminhos através dos quais renovar a Igreja e a sociedade no seu compromisso em prol da família, fundamentada no matrimônio entre um homem e uma mulher.

Parte I

A ESCUTA: O CONTEXTO E OS DESAFIOS SOBRE A FAMÍLIA

O contexto sociocultural

5. Fiéis ao ensinamento de Cristo, olhamos para a realidade da família de hoje em toda a sua complexidade, nas suas luzes e nas suas sombras. Pensamos nos pais, nos avós, nos irmãos e nas irmãs, nos parentes próximos e distantes, bem como no vínculo entre duas famílias que cada matrimônio tece. A mudança antropológico-cultural influencia hoje todos os aspectos da vida e exige uma abordagem analítica e diversificada. Há que sublinhar, antes de tudo, os aspectos positivos: a maior liberdade de expressão e o melhor reconhecimento dos direitos da mulher e das crianças, pelo menos em determinadas regiões. No entanto, por outro lado, é igualmente necessário ter em consideração o perigo crescente representado por um individualismo exasperado que desnatura os vínculos familiares e acaba por considerar cada componente da família como uma ilha, levando a prevalecer, em certos casos, a ideia de um protagonista que se constrói em conformidade com os seus próprios desejos, assumidos como um absoluto. A isto se acrescenta também a crise da fé, que atingiu

numerosos católicos e que muitas vezes está na origem das crises do matrimônio e da família.

6. Uma das maiores formas de pobreza da cultura contemporânea é a solidão, fruto da ausência de Deus na vida das pessoas e da fragilidade dos relacionamentos. Existe também uma sensação generalizada de impotência em relação à realidade socioeconômica, que frequentemente acaba por esmagar as famílias. Isto se deve à crescente pobreza e precariedade de trabalho, que por vezes são vividas como um verdadeiro pesadelo, ou a uma tributação demasiado pesada, que certamente não encoraja os jovens ao matrimônio. As famílias sentem-se não raro abandonadas pelo desinteresse e pela escassa atenção por parte das instituições. As consequências negativas do ponto de vista da organização social são evidentes: da crise demográfica aos obstáculos educativos, da dificuldade de aceitar a vida nascente ao sentir a presença dos idosos como um peso, até ao propagar-se de um mal-estar afetivo que às vezes chega à violência. O Estado tem a responsabilidade de criar as condições legislativas e de trabalho para garantir o porvir dos jovens e para ajudá-los a realizar o seu projeto de fundar uma família.

7. Existem contextos culturais e religiosos que apresentam desafios particulares. Em determinadas sociedades, ainda vigora a prática da poligamia e, em certos contextos tradicionais, o hábito do "matrimônio por etapas". Noutros âmbitos subsiste a prática dos matrimônios arranjados. Nos países onde a presença

da Igreja Católica é minoritária são numerosos os matrimônios mistos e de disparidade de culto, com todas as dificuldades que eles comportam em relação à configuração jurídica, ao batismo e à educação dos filhos, bem como ao respeito recíproco sob o ponto de vista da diversidade da fé. Em tais matrimônios pode apresentar-se o perigo do relativismo ou da indiferença, mas pode haver também a possibilidade de favorecer o espírito ecumênico e o diálogo inter-religioso, numa convivência harmoniosa de comunidades que vivem num mesmo lugar. Em numerosos contextos, e não apenas ocidentais, vai-se difundindo amplamente a prática da convivência que precede o matrimônio ou até de convivências não destinadas a assumir a forma de vínculo institucional. A isto se acrescenta uma legislação civil que compromete o matrimônio e a família. Por causa da secularização, em muitas partes do mundo a referência a Deus diminuiu fortemente, e a fé já não é compartilhada socialmente.

8. Numerosas crianças nascem fora do matrimônio, especialmente em certos países, e são muitas aquelas que, em seguida, crescem apenas com um dos pais, ou num contexto familiar ampliado ou reconstituído. O número de divórcios aumenta, e não é raro o caso de escolhas determinadas unicamente por fatores de ordem econômica. Os filhos são muitas vezes objeto de contenda entre os pais, e os primeiros são as verdadeiras vítimas das separações familiares. O pai está com frequência ausente, não apenas por motivos econômicos, onde ao contrário se sente a necessidade de que ele assuma mais claramente a responsabilidade pelos filhos e pela família. A dignidade da mulher ainda tem necessidade de ser defendida e promovida. Com efeito, hoje em muitos contextos ser mulher continua a constituir objeto de discriminação, e até o dom da maternidade é frequentemente penalizado, em vez de ser apresentado como um valor. Também não podemos esquecer os crescentes fenômenos de violência, da qual as mulheres são vítimas por vezes, infelizmente, até no seio das próprias famílias, e a grave e difundida mutilação genital da mulher em determinadas culturas. Além disso, a exploração sexual da infância constitui uma das realidades mais escandalosas e perversas da sociedade contemporânea. Inclusive as sociedades permeadas pela violência por causa da guerra, do terrorismo ou da presença da criminalidade organizada, vivem situações familiares deterioradas e, principalmente nas grandes metrópoles e nas suas periferias, aumenta o chamado fenômeno das crianças de rua. Além disso, as migrações representam outro sinal dos tempos que deve ser enfrentado e compreendido com toda a sua carga de consequências para a vida familiar.

A relevância da vida afetiva

9. Perante o quadro social delineado, encontra-se em muitas partes do mundo, entre os solteiros, uma maior necessidade de cuidar da própria pessoa, de se conhecer interiormente, de viver mais em sintonia com as próprias emoções e com os próprios sentimentos, de procurar relacionamentos afetivos de qualidade; esta justa aspiração pode abrir ao desejo de se comprometer na construção de relacionamentos de doação e reciprocidade criativos, responsabilizadores e solidários, como os familiares. São relevantes o perigo individualista e o risco de viver de modo egoísta. Para a Igreja, o desafio consiste em ajudar os casais no amadurecimento da dimensão emocional e no desenvolvimento afetivo, através da promoção do diálogo, da virtude e da confiança no amor misericordioso de Deus. O pleno compromisso exigido no matrimônio cristão pode constituir um forte antídoto contra a tentação de um individualismo egoísta.

10. No mundo contemporâneo não faltam tendências culturais que parecem impor uma afetividade ilimitada, da qual se deseja explorar todas as vertentes, até as mais complexas. Com efeito, a questão da fragilidade afetiva é de grande atualidade: uma afetividade narcisista, instável e mutável nem sempre ajuda os protagonistas a alcançar uma maior maturidade. Preocupa certa difusão da pornografia e da comercialização do corpo, favorecida inclusive por um uso deturpado da internet, enquanto deve ser denunciada a situação daquelas pessoas que são obrigadas a praticar a prostituição. Neste contexto, os casais sentem-se às vezes incertos, hesitantes e têm dificuldade de encontrar modos para crescer. São muitos aqueles que tendem a permanecer nas fases primárias da vida emocional e sexual. A crise do casal desestabiliza a família e, através das separações e dos divórcios, pode chegar a provocar sérias consequências sobre os adultos, os filhos e a sociedade, debilitando o indivíduo e os vínculos sociais. Também a diminuição demográfica, devida a uma mentalidade antinatalista e promovida pelas políticas mundiais de saúde reprodutiva, não apenas determina uma situação em que não é mais assegurado o revezamento das gerações, mas também corre o risco de levar, ao longo do tempo, a um empobrecimento econômico e a uma perda de esperança no futuro. Inclusive o desenvolvimento das biotecnologias teve um forte impacto sobre a natalidade.

O desafio para a pastoral

11. Neste contexto, a Igreja sente a necessidade de dizer uma palavra de verdade e de esperança. É preciso partir da convicção de que o homem provém de Deus e, por conseguinte, de que uma reflexão capaz de voltar a propor as grandes interrogações sobre o significado do ser homem pode encontrar um terreno fértil nas expectativas mais profundas da humanidade. Os grandes valores do matrimônio e da família cristã correspondem à investigação que atravessa a existência humana, inclusive numa época caracterizada pelo individualismo e pelo hedonismo. É necessário acolher as pessoas com a sua existência concreta, saber fomentar a sua busca, encorajar o seu desejo de Deus e a sua vontade de se sentir plenamente parte da Igreja, até mesmo daqueles que experimentaram a falência ou vivem as situações mais diferentes. A mensagem cristã contém sempre em si mesma a realidade e a dinâmica da misericórdia e da verdade, que convergem em Cristo.

Parte II

O OLHAR SOBRE CRISTO: O EVANGELHO DA FAMÍLIA

O olhar sobre Jesus e a pedagogia divina na história da salvação

12. A fim de "verificar o nosso passo no terreno dos desafios contemporâneos, a condição decisiva é manter o olhar fixo em Jesus Cristo, deter-nos na contemplação e adoração do seu rosto [...]. Na verdade, todas as vezes que voltamos à fonte da experiência cristã, abrem-se estradas novas e possibilidades inimagináveis" (Papa Francisco, *Discurso*, 4 de outubro de 2014). Jesus olhava com amor e ternura para as mulheres e para os homens com os quais se encontrava, acompanhando os seus passos com verdade, paciência e misericórdia, anunciando as exigências do Reino de Deus.

13. Uma vez que a ordem da criação é determinada pela orientação para Cristo, é necessário distinguir sem separar os vários graus mediante os quais Deus comunica à humanidade a graça da aliança. Em virtude da pedagogia divina, em conformidade com a qual a ordem da criação evolui na da redenção através de etapas sucessivas, é preciso compreender a novidade do sacramento nupcial cristão, em continuidade com o matrimônio natural das origens. É assim que se entende o modo de agir salvífico de Deus, tanto na criação como na vida cristã. Na criação: dado que tudo foi feito através de Cristo e para Cristo (cf. *Cl* 1,16), os cristãos "fazem vir à luz, com alegria e respeito, as sementes do Verbo adormecidas; mas atendem, ao mesmo tempo, à transformação profunda que se realiza entre os povos" (*Ad Gentes*, 11). Na vida cristã: enquanto, mediante o Batismo, o crente está inserido na Igreja através da igreja doméstica que é a sua família, ele empreende aquele "processo dinâmico, que avança gradualmente com a progressiva integração dos dons de Deus" (*Familiaris Consortio*, 9), mediante a conversão contínua ao amor que salva do pecado e confere plenitude de vida.

14. O próprio Jesus, referindo-se ao desígnio primordial sobre o casal humano, confirma a união indissolúvel entre o homem e a mulher, não obstante diga: "Por causa da dureza do vosso coração, Moisés tinha tolerado o repúdio das mulheres; mas no princípio não era assim" (*Mt* 19,8). A indissolubilidade do matrimônio ("Portanto, não separe o homem o que Deus uniu" – *Mt* 19,6) não deve ser entendida antes de tudo como um "jugo" imposto aos homens, mas sim como um "dom" oferecido às pessoas unidas em matrimônio. Desse modo, Jesus demonstra que a condescendência divina acompanha sempre o caminho humano, purifica e transforma com a sua graça o coração endurecido, orientando-o para o seu princípio, através do caminho da cruz. Dos Evangelhos sobressai claramente o exemplo de Jesus, que é paradigmático para a Igreja. Com efeito, Jesus assumiu uma família, deu início aos prodígios na festa nupcial em Caná e anunciou a mensagem relativa ao significado do matrimônio como plenitude da revelação que resgata o desígnio originário de Deus (cf. *Mt* 19,3). Contudo, ao mesmo tempo, pôs em prática a doutrina ensinada, manifestando deste modo o verdadeiro significado da misericórdia. Isto aparece claramente nos encontros com a samaritana (cf. *Jo* 4,1-30) e com a adúltera (cf. *Jo* 8,1-11), nos quais Jesus, mediante uma atitude de amor pela pessoa pecadora, leva ao arrependimento e à conversão ("vai e não voltes a pecar!"), condição para o perdão.

A família no desígnio salvífico de Deus

15. As palavras de vida eterna que Jesus transmitiu aos seus discípulos compreendiam o ensinamento sobre o matrimônio e a família. Este ensinamento de Jesus permite-nos distinguir em três etapas fundamentais o desígnio de Deus sobre o matrimônio e a família. No princípio existia a família das origens, quando Deus criador instituiu o matrimônio primordial entre Adão e Eva, como fundamento sólido da família. Deus não apenas criou o ser humano, varão e mulher os criou (cf. *Gn* 1,27), mas também os abençoou a fim de que fossem fecundos e para que se multiplicassem (cf. *Gn* 1,28). Por isso, "o homem deixará o seu pai e a sua mãe para se unir à sua mulher; e eles serão uma só carne" (*Gn* 2,24). Esta união foi danificada pelo pecado, tornando-se a forma histórica de matrimônio no Povo de Deus, ao qual Moisés concedeu a possibilidade de conferir um certificado de divórcio (cf. *Dt* 24,1ss). Esta forma era predominante na época de Jesus. Com o seu advento e com a reconciliação do mundo decaído, graças à redenção por ele realizada, concluiu-se a era inaugurada por Moisés.

16. Jesus, que reconciliou tudo em si mesmo, restituiu o matrimônio e a família à sua forma original (cf. *Mc* 10,1-12). A família e o matrimônio foram redimidos por Cristo (cf. *Ef* 5,21-32), restaurados à imagem da Santíssima Trindade, mistério do qual brota todo o amor autêntico. A aliança esponsal, inaugurada na criação e revelada na história da salvação, recebe a plena revelação do seu significado em Cristo e na sua Igreja. De Cristo, através da Igreja, o matrimônio e a família recebem a graça necessária para dar testemunho do amor de Deus e para levar uma vida de comunhão. O Evangelho da família atravessa a história do mundo, desde a criação do homem à imagem e semelhança de Deus (cf. *Gn* 1,26-27) até ao cumprimento do mistério da Aliança em Cristo no fim dos séculos, com as núpcias do Cordeiro (cf. *Ap* 19,9; João Paulo II, *Catequeses sobre o amor humano*).

A família nos documentos da Igreja

17. "Com o decorrer dos séculos, a Igreja não deixou faltar o seu constante e crescente ensinamento sobre o matrimônio e a família. Uma das expressões

mais altas deste Magistério foi proposta pelo Concílio Ecumênico Vaticano II, na Constituição pastoral *Gaudium et Spes*, que dedica um capítulo inteiro à promoção da dignidade do matrimônio e da família (cf. *Gaudium et Spes*, 47-52). Ele definiu o matrimônio como comunidade de vida e de amor (cf. *Gaudium et Spes*, 48), colocando o amor no centro da família e mostrando, ao mesmo tempo, a verdade deste amor em face das diversas formas de reducionismo presentes na cultura contemporânea. O 'verdadeiro amor entre marido e esposa' (*Gaudium et Spes*, 49) implica a doação recíproca de si, inclui e integra a dimensão sexual e a afetividade, correspondendo ao desígnio divino (cf. *Gaudium et Spes*, 48-49). Além disso, a *Gaudium et Spes*, no número 48, frisa a radicação dos esposos em Cristo: Cristo Senhor 'vem ao encontro dos cônjuges cristãos no sacramento do matrimônio', e com eles permanece. Na encarnação, ele assume o amor humano, purifica-o, leva-o à plenitude e doa aos esposos, com o seu Espírito, a capacidade de vivê-lo, permeando toda a sua vida de fé, esperança e caridade. Desse modo, os esposos são como que consagrados e, mediante uma graça própria, edificam o Corpo de Cristo e constituem como que uma igreja doméstica (cf. *Lumen Gentium*, 11), de modo que a Igreja, para compreender plenamente o seu mistério, olha para a família cristã, que o manifesta de modo genuíno" (*Instrumentum Laboris*, 4).

18. "Em continuidade com o Concílio Vaticano II, o Magistério pontifício aprofundou a doutrina sobre o matrimônio e sobre a família. Em particular Paulo VI, com a Encíclica *Humanae Vitae*, evidenciou o vínculo íntimo entre amor conjugal e geração da vida. São João Paulo II dedicou à família uma atenção especial através das suas catequeses sobre o amor humano, da Carta às famílias (*Gratissimam Sane*) e sobretudo com a Exortação Apostólica *Familiaris Consortio*. Nestes documentos, o Pontífice definiu a família 'caminho da Igreja'; ofereceu uma visão de conjunto sobre a vocação do homem e da mulher para o amor; propôs as linhas fundamentais para a pastoral da família e para a presença da família na sociedade. Em particular, ao tratar a caridade conjugal (cf. *Familiaris Consortio*, 13), descreveu o modo como os cônjuges, no seu amor recíproco, recebem o dom do Espírito de Cristo e vivem a sua chamada à santidade" (*Instrumentum Laboris*, 5).

19. "Bento XVI, na Encíclica *Deus Caritas Est*, retomou o tema da verdade do amor entre homem e mulher, que só se ilumina plenamente à luz do amor de Cristo crucificado (cf. *Deus Caritas Est*, 2). Ele reafirma: 'O matrimônio baseado num amor exclusivo e definitivo torna-se o ícone do relacionamento de Deus com o seu povo e, vice-versa, o modo de Deus amar torna-se a medida do amor humano' (*Deus Caritas Est*, 11). Além disso, na Encíclica *Caritas in Veritate*, ele evidencia a importância do amor como princípio de vida na sociedade (cf. *Caritas in Veritate*, 44), lugar no qual se aprende a experiência do bem comum" (*Instrumentum Laboris*, 6).

20. "O Papa Francisco, na Encíclica *Lumen Fidei*, ao tratar do vínculo entre a família e a fé, escreve: 'O encontro com Cristo, o deixar-se conquistar e guiar pelo seu amor alarga o horizonte da existência, dá-lhe uma esperança firme que não desilude. A fé não é um refúgio para gente sem coragem, mas a dilatação da vida: faz descobrir uma grande chamada – a vocação ao amor – e assegura que este amor é fiável, que vale a pena entregar-se a ele, porque o seu fundamento se encontra na fidelidade de Deus, que é mais forte do que toda a nossa fragilidade' (*Lumen Fidei*, 53)" (*Instrumentum Laboris*, 7).

A indissolubilidade do matrimônio e a alegria de viver juntos

21. O dom recíproco constitutivo do matrimônio sacramental está arraigado na graça do batismo, que estabelece a aliança fundamental de cada pessoa com Cristo na Igreja. No acolhimento recíproco e com a graça de Cristo, os nubentes prometem um ao outro o dom total de si, a fidelidade e a abertura à vida, e reconhecem como elementos constitutivos do matrimônio os dons que Deus lhes oferece, levando a sério o seu compromisso mútuo, em seu nome e perante a Igreja. Pois bem, na fé é possível assumir os bens do matrimônio como compromissos que melhor se cumprem mediante a ajuda da graça do sacramento. Deus consagra o amor dos esposos e confirma a sua indissolubilidade, oferecendo-lhes ajuda para viver a fidelidade, a integração recíproca e a abertura à vida. Por conseguinte, o olhar da Igreja dirige-se aos esposos como ao coração da família inteira que, também ela, fixa o próprio olhar em Jesus.

22. Nesta mesma perspectiva, fazendo nosso o ensinamento do Apóstolo, segundo o qual a criação inteira foi pensada em Cristo e para Cristo (cf. *Cl* 1,16), o Concílio Vaticano II quis manifestar apreço pelo matrimônio natural e pelos elementos válidos, presentes nas outras religiões (cf. *Nostra Aetate*, 2) e nas culturas, não obstante os limites e as insuficiências (cf. *Redemptoris Missio*, 55). A presença dos *semina Verbi* nas culturas (cf. *Ad Gentes*, 11) poderia ser aplicada, sob alguns aspectos, também à realidade matrimonial e familiar de tantas culturas e de pessoas não cristãs. Portanto, existem elementos válidos também em determinadas formas fora do matrimônio cristão – contudo, fundado sobre a relação estável e verdadeira entre um homem e uma mulher – que, de qualquer maneira, consideramos para ele orientadas. Com o olhar voltado para a sabedoria humana dos povos e das culturas, a Igreja reconhece também esta família como célula básica necessária e fecunda da convivência humana.

Verdade e beleza da família, misericórdia pelas famílias feridas e frágeis

23. Com íntima alegria e profunda consolação, a Igreja olha para as famílias que permanecem fiéis aos ensinamentos do Evangelho, agradecendo-lhes e encorajando-as pelo testemunho que oferecem. Com efeito, graças a elas torna-se crível a beleza do matrimônio indissolúvel e fiel para sempre. Na família, "que se poderia chamar igreja doméstica" (*Lumen Gentium*, 11), amadurece a primeira experiência eclesial da comunhão entre pessoas, na qual se reflete, mediante a graça, o mistério da Santíssima Trindade. "É aqui que se aprendem a tenacidade e a alegria do trabalho, o amor fraterno, o perdão generoso e sempre renovado e, sobretudo, o culto divino, através da oração e do oferecimento da própria vida" (*Catecismo da Igreja Católica*, 1657). A Sagrada Família de Nazaré é o seu modelo admirável, em cuja escola nós "compreendemos por que motivo devemos ter uma disciplina espiritual, se quisermos seguir a doutrina do Evangelho e tornar-nos discípulos de Cristo" (Paulo VI, *Discurso em Nazaré*, 5 de janeiro de 1964). O Evangelho da família nutre também as sementes que ainda esperam amadurecer, e deve cuidar das árvores que secaram e não podem ser descuidadas.

24. A Igreja, enquanto mestra segura e mãe amorosa, não obstante reconheça que para os batizados não há outro vínculo nupcial a não ser o sacramental, e que cada ruptura do mesmo é contrária à vontade de Deus, contudo, está consciente da fragilidade de muitos dos seus filhos, que encontram dificuldades no caminho da fé. "Portanto, sem diminuir o valor do ideal evangélico, é preciso acompanhar, com misericórdia e paciência, as possíveis etapas de crescimento das pessoas, que se vão construindo dia após dia. [...] Um pequeno passo, no meio de grandes limitações humanas, pode ser mais agradável a Deus do que a vida externamente correta de quem transcorre os seus dias sem enfrentar sérias dificuldades. A todos devem chegar a consolação e o estímulo do amor salvífico de Deus, que agem misteriosamente em cada pessoa, para além dos seus defeitos e das suas quedas" (*Evangelii Gaudium*, 44).

25. Para uma abordagem pastoral das pessoas que contraíram matrimônio civil, que são divorciadas e recasadas, ou que simplesmente convivem, compete à Igreja revelar-lhes a pedagogia divina da graça nas suas vidas e ajudá-las a alcançar a plenitude do plano de Deus para elas. Seguindo o olhar de Cristo, cuja luz ilumina cada homem (cf. *Jo* 1,9; *Gaudium et Spes*, 22), a Igreja dirige-se com amor para quantos participam na sua vida de modo incompleto, reconhecendo que a graça de Deus age também nas suas vidas, incutindo-lhes a coragem para praticar o bem, para cuidar amorosamente um do outro e para estar a serviço da comunidade na qual vivem e trabalham.

26. A Igreja olha com apreensão para a desconfiança de tantos jovens em relação ao compromisso conjugal e sofre pela precipitação com que tantos jovens decidem pôr fim ao vínculo assumido, instaurando outro. Tais fiéis, que fazem parte da Igreja, têm necessidade de uma atenção pastoral misericordiosa e animadora, distinguindo adequadamente as situações. Os jovens batizados devem ser encorajados a não hesitar diante da riqueza que o sacramento do matrimônio suscita nos seus planos de amor, fortalecidos pelo apoio que recebem da graça de Cristo e da possibilidade de participar plenamente na vida da Igreja.

27. Neste sentido, uma nova dimensão da pastoral familiar hodierna consiste em prestar atenção à realidade dos matrimônios civis entre um homem e uma mulher, aos matrimônios tradicionais e, tendo em conta as devidas diferenças, também às convivências. Quando a união alcança uma estabilidade notável através de um vínculo público, é conotada por um afeto profundo, pela responsabilidade em relação à prole e pela capacidade de superar as provações, pode ser vista como uma ocasião que deve ser acompanhada no desenvolvimento para o sacramento do matrimônio. Ao contrário, muitas vezes a convivência estabelece-se não em vista de um possível matrimônio futuro, mas sem qualquer intenção de estabelecer uma relação institucional.

28. Em conformidade com o olhar misericordioso de Jesus, a Igreja deve acompanhar com atenção e cuidado os seus filhos mais frágeis, marcados pelo amor ferido e confuso, restituindo-lhes confiança e esperança como a luz do farol de um porto ou de uma tocha levada ao povo para iluminar quantos perderam a rota ou se encontram no meio da tempestade. Conscientes de que a maior misericórdia é dizer a verdade com amor, vamos além da compaixão. O amor misericordioso, do mesmo modo que atrai e une, também transforma e eleva. Convida à conversão. Do mesmo modo entendemos a atitude do Senhor, que não condena a mulher adúltera, mas pede-lhe que não volte a pecar (cf. *Jo* 8,1-11).

Parte III
O CONFRONTO: PERSPECTIVAS PASTORAIS

Anunciar o Evangelho da família hoje, nos vários contextos

29. O diálogo sinodal abordou algumas instâncias pastorais mais urgentes, que devem ser confiadas à concretização em cada uma das Igrejas locais, na comunhão "cum Petro et sub Petro". O anúncio do Evangelho da família constitui uma urgência para a nova evangelização. A Igreja é chamada a pô-lo em prática com ternura de mãe e clareza de mestra (cf. *Ef* 4,15), em fidelidade à *kenosi* misericordiosa de Cristo. A verdade encarna-se na fragilidade humana, não para condená-la, mas para salvá-la (cf. *Jo* 3,16-17).

30. Evangelizar é responsabilidade de todo o povo de Deus, cada qual segundo o ministério e o carisma que lhe são próprios. Sem o testemunho jubiloso dos cônjuges e das famílias, igrejas domésticas, o anúncio, embora seja correto, corre o risco de ser incompreendido ou de afogar no mar de palavras que caracteriza a nossa sociedade (cf. *Novo Millennio Ineunte*, 50). Os Padres sinodais sublinharam reiteradas vezes que, em virtude da graça do sacramento nupcial, as famílias católicas estão chamadas a ser, elas mesmas, protagonistas ativas da pastoral familiar.

31. Será decisivo pôr em evidência o primado da graça e, por conseguinte, as possibilidades que o Espírito oferece no sacramento. Trata-se de levar a experimentar que o Evangelho da família é alegria que "torna repletos o coração e a vida inteira", porque em Cristo somos "libertados do pecado, da tristeza, do vazio interior, do isolamento" (*Evangelii Gaudium*, 1). À luz da parábola do semeador (cf. *Mt* 13,3-9), a nossa tarefa consiste em cooperar na sementeira: o resto é obra de Deus. Também não podemos esquecer que a Igreja que prega sobre a família é sinal de contradição.

32. É por isso que se pede à Igreja inteira uma conversão missionária: é necessário que ela não se limite a um anúncio meramente teórico, desvinculado dos problemas reais das pessoas. Nunca podemos esquecer que a crise da fé comportou uma crise do matrimônio e da família e, como consequência, foi muitas vezes interrompida a transmissão da própria fé dos pais aos filhos. Diante de uma fé forte, não tem incidência a imposição de determinadas perspectivas culturais que debilitam a família e o matrimônio.

33. A conversão refere-se também à linguagem, para que ela seja efetivamente significativa. O anúncio deve levar a experimentar que o Evangelho da família é resposta às expectativas mais profundas da pessoa humana: à sua dignidade e à sua plena realização na reciprocidade, na comunhão e na fecundidade. Não se trata unicamente de apresentar uma normativa, mas de propor valores, respondendo à necessidade dos mesmos que hoje se constata inclusive nos países mais secularizados.

34. A Palavra de Deus é fonte de vida e espiritualidade para a família. Toda a pastoral familiar deverá deixar-se modelar interiormente e formar os membros da igreja doméstica mediante a leitura orante e eclesial da Sagrada Escritura. A Palavra de Deus é não apenas uma boa-nova para a vida particular das pessoas, mas também um critério de juízo e uma luz para o discernimento dos vários desafios que os cônjuges e as famílias devem enfrentar.

35. Ao mesmo tempo, muitos Padres sinodais insistiram sobre uma abordagem mais positiva das riquezas das diversas experiências religiosas, sem esconder as dificuldades. Nestas diferentes realidades religiosas e na grande diversidade cultural que caracteriza as Nações, é oportuno apreciar primeiro as possibilidades positivas e, à luz destas, avaliar os limites e as carências.

36. O matrimônio cristão é uma vocação que se acolhe mediante uma preparação adequada ao longo de um itinerário de fé, através de um discernimento maduro, e não deve ser considerado unicamente uma tradição cultural, nem sequer uma exigência social ou jurídica. Portanto, é preciso realizar percursos que acompanhem a pessoa e o casal, de tal modo que à comunicação dos conteúdos da fé se una a experiência de vida oferecida por toda a comunidade eclesial.

37. Foi reiteradamente evocada a necessidade de uma renovação radical da prática pastoral, à luz do Evangelho da família, superando as óticas individualistas que ainda a caracterizam. Por isso, insistiu-se várias vezes sobre a renovação da formação dos presbíteros, dos diáconos, dos catequistas e dos outros agentes no campo da pastoral, mediante uma maior participação das próprias famílias.

38. Sublinhou-se de igual modo a necessidade de uma evangelização que denuncie com franqueza os condicionamentos culturais, sociais, políticos e econômicos, como o espaço excessivo reservado à lógica do mercado, que impede uma autêntica vida familiar, determinando discriminações e várias formas de pobreza, de exclusão e de violência. Por isso, é preciso desenvolver um diálogo e uma cooperação com as estruturas sociais, encorajando e apoiando os leigos que, como cristãos, se comprometem nos âmbitos cultural e sociopolítico.

Orientar os nubentes no caminho de preparação para o matrimônio

39. A complexa realidade social e os desafios que a família de hoje está chamada a enfrentar exigem um maior compromisso da parte de toda a comunidade cristã, com vistas à preparação dos nubentes para o matrimônio. É necessário recordar a importância das

virtudes. Entre elas, a castidade resulta numa condição preciosa para o crescimento genuíno do amor interpessoal. Em relação a esta necessidade, os Padres sinodais concordaram em salientar a exigência de maior participação da comunidade inteira, privilegiando o testemunho das próprias famílias, além de uma radicação da preparação para o matrimônio no caminho de iniciação cristã, frisando a ligação do matrimônio com o batismo e com os demais sacramentos. Evidenciou-se de igual modo a necessidade de programas específicos para a preparação próxima do matrimônio, a fim de que constituam uma verdadeira experiência de participação na vida eclesial, aprofundando os diversos aspectos da vida familiar.

Acompanhar os primeiros anos da vida matrimonial

40. Os primeiros anos de matrimônio constituem um período vital e delicado, durante o qual os casais crescem na consciência dos desafios e do significado da própria união. Daqui deriva a exigência de um acompanhamento pastoral que continue também depois da celebração do sacramento (cf. *Familiaris Consortio*, parte III). Nesta pastoral resulta de grande importância a presença de casais com experiência. A paróquia é considerada o lugar onde casais maduros podem ser postos à disposição dos casais mais jovens, com a eventual participação de associações, movimentos eclesiais e novas comunidades. É necessário encorajar os esposos a uma atitude fundamental de acolhimento do grande dom dos filhos. É preciso salientar também a importância da espiritualidade familiar, da oração e da participação na Eucaristia dominical, animando os casais a reunir-se regularmente para promover o crescimento da vida espiritual e a solidariedade nas exigências concretas da vida. Liturgias, práticas devocionais e Eucaristias celebradas para as famílias, principalmente no aniversário do matrimônio, foram mencionadas como vitais para favorecer a evangelização através da família.

Cuidado pastoral de quantos vivem no matrimônio civil ou convivem

41. Enquanto continua a anunciar e promover o matrimônio cristão, o Sínodo encoraja também o discernimento pastoral das situações de muitas pessoas que não vivem mais esta realidade. É importante entrar em diálogo pastoral com tais pessoas, com a finalidade de pôr em evidência os elementos da sua vida que podem conduzir a uma maior abertura ao Evangelho do matrimônio na sua plenitude. Os pastores devem identificar elementos que podem favorecer a evangelização e o crescimento humano e espiritual. Uma nova sensibilidade da pastoral hodierna consiste em captar os elementos positivos, presentes nos matrimônios civis e, tendo em conta as devidas diferenças, nas convivências. É necessário que na proposta eclesial, mesmo afirmando com clareza a mensagem cristã, indiquemos inclusive os elementos construtivos presentes em tais situações que ainda não, ou já não, correspondem à mesma.

42. Observou-se também que em muitos países um "número crescente de casais convivem *ad experimentum*, sem um matrimônio, nem canônico nem civil" (*Instrumentum Laboris*, 81). Em determinados países isto se verifica especialmente no matrimônio tradicional, arranjado entre famílias e muitas vezes celebrado em diversas etapas. Noutros países, ao contrário, está em crescimento contínuo o número daqueles que, depois de ter vivido juntos durante um longo período, pedem a celebração do matrimônio na Igreja. A convivência simples é com frequência escolhida por causa da mentalidade geral, contrária às instituições e aos compromissos definitivos, mas também devido à espera de uma segurança existencial (trabalho e salário fixo). Finalmente, noutros países, as uniões de fato são deveras numerosas, não somente pela rejeição dos valores da família e do matrimônio, mas sobretudo porque casar é sentido como um luxo, pelas condições sociais, de tal modo que a miséria material impele a viver uniões de fato.

43. Todas estas situações devem ser enfrentadas de maneira construtiva, procurando transformá-las em oportunidades de caminho rumo à plenitude do matrimônio e da família, à luz do Evangelho. Trata-se de aceitá-las e de acompanhá-las com paciência e delicadeza. Visando a esta finalidade, é importante o testemunho atraente de autênticas famílias cristãs, como protagonistas da evangelização da família.

Cuidar das famílias feridas (separados, divorciados não recasados, divorciados recasados, famílias monoparentais)

44. Quando os esposos passam por problemas nos seus relacionamentos, devem poder contar com a ajuda e o acompanhamento da Igreja. A pastoral da caridade e a misericórdia tendem à recuperação das pessoas e dos relacionamentos. A experiência demonstra que, mediante uma ajuda adequada e com a obra de reconciliação da graça, uma grande percentagem de crises matrimoniais podem ser superadas de maneira satisfatória. Saber perdoar e sentir-se perdoado constituem uma experiência fundamental na vida familiar. O perdão entre os esposos permite experimentar um amor que é para sempre, que nunca passa (cf. *1 Cor* 13,8). No entanto, às vezes quem recebeu o perdão de Deus tem dificuldade de encontrar a força para oferecer um perdão autêntico que regenere a pessoa.

45. No Sínodo voltou a ressoar claramente a necessidade de opções pastorais corajosas. Confirmando de modo vigoroso a fidelidade ao Evangelho da família e reconhecendo que a separação e o divórcio constituem sempre feridas que provocam sofrimentos profundos nos cônjuges que os experimentam e nos filhos, os Padres sinodais sentiram a urgência de novos caminhos pastorais, que comecem a partir da realidade efetiva das fragilidades familiares, conscientes de que, com frequência, elas são mais "padecidas" com sofrimento do que escolhidas com plena liberdade. Trata-se de situações diferentes, tanto por fatores pessoais como culturais e socioeconômicos. É necessário um olhar diferenciado, como sugeria São João Paulo II (cf. *Familiaris Consortio*, 84).

46. Antes de tudo, cada família deve ser ouvida com respeito e amor, encontrando companheiros de caminho como Cristo com os discípulos rumo a Emaús. São particularmente válidas para tais situações estas palavras do Papa Francisco: "A Igreja deverá iniciar os seus membros – sacerdotes, religiosos e leigos – nesta 'arte do acompanhamento', para que todos aprendam a tirar sempre as sandálias diante da terra sagrada do outro (cf. *Ex* 3,5). Devemos dar ao nosso caminhar o ritmo salutar da proximidade, com um olhar respeitoso e cheio de compaixão, mas que ao mesmo tempo cure, liberte e anime a amadurecer na vida cristã" (*Evangelii Gaudium*, 169).

47. Um discernimento particular é indispensável para acompanhar pastoralmente os separados, os divorciados, os abandonados. Deve ser acolhido e valorizado o sofrimento daqueles que padeceram injustamente a separação, o divórcio ou o abandono, ou então, por causa dos maus-tratos do cônjuge, foram obrigados a interromper a convivência. O perdão pela injustiça sofrida não é fácil, mas trata-se de um caminho que a graça torna possível. Daqui deriva a necessidade de uma pastoral da reconciliação e da mediação, também através de centros de escuta especializados que devem ser criados nas dioceses. De igual modo, é preciso ressaltar sempre que resulta indispensável assumir de maneira leal e construtiva as consequências da separação ou do divórcio sobre os filhos, contudo, vítimas inocentes da situação. Eles não podem ser um "objeto" para contender, e devem ser procuradas as melhores formas para que possam superar o trauma da separação familiar e crescer da maneira mais tranquila possível. De qualquer modo, a Igreja deverá pôr sempre em evidência a injustiça que muitas vezes deriva das situações de divórcio. Há que prestar atenção especial também ao acompanhamento das famílias monoparentais e, de modo particular, é necessário ajudar as mulheres que devem assumir sozinhas a responsabilidade do lar e a educação dos filhos.

48. Numerosos Padres sinodais sublinharam a necessidade de tornar mais acessíveis e céleres, se possível totalmente gratuitos, os procedimentos para o reconhecimento dos casos de nulidade. Entre as propostas foram indicados: a superação da necessidade da dupla sentença conforme; a possibilidade de determinar um percurso administrativo sob a responsabilidade do bispo diocesano; a iniciação de um processo sumário nos casos de nulidade notória. Todavia, alguns Padres sinodais afirmam que são contrários a tais propostas, porque não garantiriam um juízo confiável. É necessário reiterar que em todos estes casos se trata de averiguar a verdade sobre a validade do vínculo. Em conformidade com outras propostas, também seria preciso considerar a possibilidade de dar relevância ao papel da fé dos nubentes em ordem à validade do sacramento do matrimônio, conscientes de que entre os batizados todos os matrimônios válidos constituem um sacramento.

49. A propósito das causas matrimoniais, a simplificação do procedimento, exigida por muitos, além da preparação de suficientes agentes, clérigos e leigos com dedicação prioritária, requer que se realce a responsabilidade do bispo diocesano, que na sua diocese poderia encarregar consultores devidamente preparados para aconselhar gratuitamente as partes interessadas sobre a validade do próprio matrimônio. Esta função pode ser desempenhada por um ofício ou por pessoas qualificadas (cf. *Dignitas Connubii*, art. 113, §1).

50. As pessoas divorciadas mas não recasadas, que muitas vezes são testemunhas da fidelidade matrimonial, devem ser animadas a encontrar na Eucaristia o alimento que as sustente na sua condição. A comunidade local e os Pastores devem acompanhar estas pessoas com solicitude, sobretudo quando elas tiverem filhos ou a sua situação de pobreza for grave.

51. Também as situações dos divorciados recasados exigem um discernimento atento e um acompanhamento de grande respeito, evitando qualquer linguagem e atitude que os faça sentir discriminados e promovendo a sua participação na vida da comunidade. Cuidar deles não é, para a comunidade cristã, uma debilitação da sua fé e do seu testemunho a propósito da indissolubilidade matrimonial, mas, ao contrário, precisamente neste cuidado ela exprime a sua caridade.

52. Refletiu-se sobre a possibilidade de que os divorciados e recasados acedam aos sacramentos da Penitência e da Eucaristia. Diversos Padres sinodais insistiram a favor da disciplina atualmente em vigor, em virtude da relação constitutiva entre a participação na Eucaristia e a comunhão com a Igreja e o seu ensinamento sobre o matrimônio indissolúvel. Outros se manifestaram a favor de um acolhimento não generalizado na mesa eucarística, nalgumas situações particulares e em condições muito específicas, sobretudo quando se trata de casos irreversíveis e ligados a obrigações morais em relação aos filhos, que viriam a padecer sofrimentos injustos. O eventual acesso aos sacramentos deveria ser precedido por um caminho penitencial, sob a responsabilidade do bispo diocesano. Esta questão ainda deve ser aprofundada, tendo perfeitamente presente a distinção entre situação objetiva de pecado e circunstâncias atenuantes, uma vez que "*a imputabilidade* e a responsabilidade de um ato podem ser diminuídas, e até anuladas" por diversos "fatores psíquicos ou sociais" (*Catecismo da Igreja Católica*, 1735).

53. Alguns Padres sinodais afirmaram que as pessoas divorciadas e recasadas ou conviventes podem recorrer frutuosamente à comunhão espiritual. Outros se interrogaram, então, por que motivo não podem aceder à comunhão sacramental. Além disso, solicita-se um aprofundamento desta temática, capaz de fazer sobressair a peculiaridade das duas formas e a sua ligação com a teologia do matrimônio.

54. As problemáticas relativas aos matrimônios mistos apresentaram-se com frequência nas intervenções dos Padres sinodais. Em determinados contextos, a diversidade da disciplina matrimonial das Igrejas ortodoxas levanta problemas sobre os quais é necessário ponderar em âmbito ecumênico. Analogamente, para os matrimônios inter-religiosos, será importante a contribuição do diálogo com as religiões.

Atenção pastoral às pessoas com orientação homossexual

55. Algumas famílias vivem a experiência de ter no seu interior pessoas com orientação homossexual. A este propósito, houve interrogações sobre qual atenção pastoral é oportuna diante desta situação, com relação àquilo que a Igreja ensina: "Não existe fundamento algum para equiparar ou estabelecer analogias, mesmo remotas, entre as uniões homossexuais e o plano de Deus sobre o matrimônio e a família". Não obstante, os homens e as mulheres com tendências homossexuais devem ser acolhidos com respeito e delicadeza. Deve evitar-se, para com eles, qualquer atitude de injusta discriminação" (Congregação para a Doutrina da Fé, *Considerações sobre os projetos de reconhecimento legal das uniões entre pessoas homossexuais*, 4).

56. É totalmente inaceitável que os Pastores da Igreja sofram pressões nesta matéria e que os organismos internacionais condicionem as ajudas financeiras aos países pobres à introdução de leis que instituam o "matrimônio" entre pessoas do mesmo sexo.

A transmissão da vida e o desafio da diminuição da natalidade

57. Não é difícil constatar o difundir-se de uma mentalidade que reduz a geração da vida a uma variável da projeção individual ou conjugal. Os fatores de ordem econômica exercem uma pressão por vezes determinante, contribuindo para a forte diminuição da natalidade, que debilita o tecido social, compromete a relação entre as gerações e torna mais incerto o olhar sobre o futuro. A abertura à vida é exigência intrínseca do amor conjugal. Nesta perspectiva, a Igreja sustém as famílias que aceitam, educam e circundam de carinho os filhos portadores de deficiência.

58. Também neste âmbito é preciso começar a partir da escuta das pessoas e explicar a beleza e a verdade de uma abertura incondicional à vida, como aquilo de que o amor tem necessidade para ser vivido em plenitude. É sobre esta base que pode apoiar-se um ensinamento adequado a respeito dos métodos naturais para a procriação responsável. Ele ajuda a viver de maneira harmoniosa e consciente a comunhão entre os cônjuges, em todas as suas dimensões, juntamente com a responsabilidade generativa. É oportuno voltar a descobrir a mensagem da Encíclica *Humanae Vitae*, de Paulo VI, que ressalta a necessidade de respeitar a dignidade da pessoa na avaliação moral dos métodos de regulação da natalidade. A adoção de crianças, órfãs e abandonadas, recebidas como se fossem filhos naturais, é uma forma específica de apostolado familiar (cf. *Apostolicam Actuositatem*, 11), muitas vezes evocada e encorajada pelo magistério (cf. *Familiaris Consortio*, 41; *Evangelium Vitae*, 93). A escolha da adoção e da guarda de uma criança manifesta uma fecundidade particular da experiência conjugal, e não apenas quando ela é marcada pela esterilidade. Tal opção constitui um sinal eloquente do amor familiar, uma ocasião para dar testemunho da própria fé e restituir dignidade filial a quantos dela foram privados.

59. É necessário ajudar a viver a afetividade, inclusive no vínculo conjugal, como um caminho de amadurecimento, na aceitação cada vez mais profunda do outro e numa doação sempre mais plena. Neste sentido, é oportuno reiterar a necessidade de propor caminhos formativos que alimentem a vida conjugal e a importância de um laicado que ofereça um acompanhamento feito de testemunho vivo. É de grande ajuda o exemplo de um amor fiel e profundo, feito de ternura e respeito, capaz de crescer no tempo e que, no seu abrir--se concreto à geração da vida, faz a experiência de um mistério que nos transcende.

O desafio da educação e o papel da família na evangelização

60. Um dos desafios fundamentais diante do qual se encontram as famílias de hoje é, sem dúvida, o educativo, que se tornou ainda mais exigente e complexo por causa da realidade cultural contemporânea e da grande influência dos meios de comunicação. É preciso ter na devida consideração as exigências e as expectativas de famílias capazes de ser, na vida cotidiana, lugares de crescimento, de transmissão concreta e essencial das virtudes que forjam a existência. Isto indica que os pais podem escolher livremente o tipo de educação que desejam oferecer aos filhos, em conformidade com as convicções que lhes são próprias.

61. A Igreja desempenha um precioso papel de apoio às famílias, começando pela iniciação cristã, através de comunidades acolhedoras. Pede-se-lhe, hoje mais do que ontem, tanto nas situações complexas como nas normais, que ajude os pais no seu compromisso educacional, acompanhando as crianças, os adolescentes e os jovens no seu crescimento, ao longo de caminhos personalizados que sejam capazes de introduzi-los no pleno sentido da vida e de suscitar escolhas e responsabilidades, vividas à luz do Evangelho. Na sua ternura, misericórdia e sensibilidade maternal, Maria pode saciar a fome de humanidade e de vida, e por este motivo é invocada pelas famílias e pelo povo cristão. A pastoral e a devoção mariana constituem um ponto de partida oportuno para anunciar o Evangelho da família.

CONCLUSÃO

62. As reflexões propostas, fruto dos trabalhos sinodais que tiveram lugar em grande liberdade e segundo um estilo de escuta recíproca, tencionam levantar interrogações e indicar perspectivas que deverão ser amadurecidas e especificadas pela reflexão das Igrejas locais ao longo do ano que nos separa da Assembleia Geral Ordinária do Sínodo dos Bispos, prevista para o mês de outubro de 2015, dedicada à vocação e à missão da família na Igreja e no mundo contemporâneo. Não se trata de decisões já tomadas, nem de perspectivas fáceis. No entanto, o caminho colegial dos bispos e a participação de todo o povo de Deus, sob a ação do Espírito Santo, seguindo o modelo da Sagrada Família, poderão levar-nos a encontrar caminhos de verdade e de misericórdia para todos. Foram estes os bons votos que, desde o início dos nossos trabalhos, o Papa Francisco nos dirigiu, convidando-nos à coragem da fé e à aceitação humilde e honesta da verdade na caridade.

PERGUNTAS PARA A RECEPÇÃO E O APROFUNDAMENTO DA *RELATIO SYNODI*

Pergunta prévia referida a todas as seções da *Relatio Synodi*

A descrição da realidade da família, presente na *Relatio Synodi*, corresponde àquilo que se revela na Igreja e na sociedade de hoje? Quais são os aspectos que faltam e que podem ser integrados?

Parte I
A ESCUTA: O CONTEXTO E OS DESAFIOS SOBRE A FAMÍLIA

Como foi indicado na introdução (nn. 1-4), o Sínodo extraordinário quis dirigir-se a todas as famílias do mundo, desejando participar nas suas alegrias, dificuldades e esperanças; além disso, às numerosas famílias cristãs, fiéis à sua vocação, o Sínodo dirigiu um especial olhar de reconhecimento, encorajando-as a comprometer-se mais decididamente nesta hora da "Igreja em saída", voltando a descobrir-se como protagonista imprescindível da evangelização, principalmente a fim de alimentar para si mesmas e para as famílias em dificuldade aquele "desejo de família" que permanece sempre vivo e que está no fundamento da convicção da necessidade de "recomeçar a partir da família", para anunciar eficazmente o núcleo do Evangelho.

O renovado caminho traçado pelo Sínodo extraordinário está inserido no mais amplo contexto eclesial indicado pela Exortação *Evangelii Gaudium*, do Papa Francisco, ou seja, começando a partir das "periferias existenciais", com uma pastoral caracterizada pela "cultura do encontro", capaz de reconhecer a obra livre do Senhor, inclusive fora dos nossos esquemas habituais, e de assumir, sem impedimento, aquela condição de "hospital de campo" que tanto beneficia o anúncio da misericórdia de Deus. A tais desafios respondem os números da primeira parte da *Relatio Synodi*, onde estão expostos os aspectos que formam o quadro de referência mais concreto sobre a situação real das famílias, em cujo contexto dar continuidade à reflexão.

As perguntas que se propõem em seguida, com referência expressa aos aspectos da primeira parte da *Relatio Synodi*, tencionam facilitar o devido realismo na reflexão de cada um dos episcopados, evitando que as suas respostas possam ser oferecidas em conformidade com esquemas e perspectivas próprios de uma pastoral meramente aplicativa da doutrina, que não respeitaria as conclusões da Assembleia sinodal extraordinária e afastaria a sua reflexão do caminho já traçado.

O contexto sociocultural (nn. 5-8)

1. Quais são as iniciativas em ato e aquelas em programa, no que se refere aos desafios que as contradições culturais levantam à família (cf. nn. 6-7): aquelas orientadas para despertar a presença de Deus na vida das famílias; aquelas destinadas a educar e estabelecer sólidas relações interpessoais; aquelas propensas a favorecer políticas sociais e econômicas úteis para a família; aquelas que visam aliviar as dificuldades ligadas à atenção às crianças, aos idosos e aos familiares enfermos; aquelas que tencionam

enfrentar o contexto cultural mais específico em que a Igreja local está comprometida?

2. Quais instrumentos de análise são empregados e quais são os resultados mais relevantes acerca dos aspectos (positivos ou não) da mudança antropológica cultural? (cf. n. 5). Entre os resultados, observa-se a possibilidade de encontrar elementos comuns no pluralismo cultural?

3. Além do anúncio e da denúncia, quais são as modalidades escolhidas para estar presente como Igreja ao lado das famílias nas situações extremas (cf. n. 8)? Quais são as estratégias educativas para preveni-las? O que se pode fazer para ajudar e fortalecer as famílias crentes, fiéis ao vínculo?

4. Como a ação pastoral da Igreja reage à difusão do relativismo cultural na sociedade secularizada e à consequente rejeição por parte de muitas pessoas do modelo de família formado pelo homem e pela mulher, unidos no vínculo matrimonial, e aberto à procriação?

A relevância da vida afetiva (nn. 9-10)

5. De que modo, com quais atividades, se comprometem as famílias cristãs ao dar testemunho às novas gerações do progresso no amadurecimento afetivo?

(cf. nn. 9-10). Como se poderia ajudar a formação dos ministros ordenados em relação a estas temáticas? Quais figuras de agentes no campo da pastoral, especificamente qualificados, são sentidas como mais urgentes?

O desafio para a pastoral (n. 11)

6. Em que proporção, e através de que instrumentos, a pastoral familiar ordinária é dirigida a quantos estão distantes? (cf. n. 11). Quais são as linhas de ação predispostas para suscitar e valorizar o "desejo de família" semeado pelo Criador no coração de cada pessoa e presente especialmente nos jovens, até mesmo de quantos vivem em situações familiares não correspondentes à visão cristã? Qual é a sua reação efetiva à missão que lhes é dirigida? Entre os não batizados, quão forte é a presença de matrimônios naturais, inclusive em relação ao desejo de família dos jovens?

Parte II
O OLHAR SOBRE CRISTO: O EVANGELHO DA FAMÍLIA

O Evangelho da família, conservado fielmente pela Igreja no sulco da Revelação cristã escrita e transmitida, deve ser anunciado no mundo contemporâneo com alegria e esperança renovadas, dirigindo constantemente o olhar para Jesus Cristo. A vocação e a missão da família configuram-se plenamente na ordem da criação, que evolui na da redenção, assim sintetizada pelos desejos do Concílio: "Os próprios esposos, criados à imagem de Deus e estabelecidos numa ordem verdadeiramente pessoal, estejam unidos em comunhão de afeto e de pensamento e com mútua santidade, de modo que, seguindo Cristo, princípio da vida, se tornem, pela fidelidade do seu amor, através das alegrias e sacrifícios da sua vocação, testemunhas daquele mistério de amor que Deus revelou ao mundo com a sua morte e ressurreição" (*Gaudium et Spes*, 52; cf. *Catecismo da Igreja Católica*, 1533-1535).

Nesta luz, as perguntas que nascem da *Relatio Synodi* têm como finalidade suscitar respostas fiéis e corajosas nos Pastores e no povo de Deus, em ordem a um anúncio renovado do Evangelho da família.

O olhar sobre Jesus e a pedagogia divina na história da salvação (nn. 12-14)

Acolhendo o convite do Papa Francisco, a Igreja olha para Cristo na sua verdade permanente e na sua novidade inesgotável, que ilumina todas as famílias. "Cristo é a 'Boa-Nova de valor eterno' (*Ap* 14,6), sendo 'o mesmo ontem, hoje e pelos séculos' (*Hb* 13,8), mas a sua riqueza e a sua beleza são inesgotáveis. Ele é sempre jovem e fonte de novidade constante" (*Evangelii Gaudium*, 11).

7. O olhar fixo em Cristo abre novas possibilidades. "Com efeito, cada vez que voltamos à fonte da experiência cristã, abrem-se caminhos novos e possibilidades inimagináveis" (n. 12). Como é utilizado o ensinamento da Sagrada Escritura na ação pastoral a favor das famílias? Em que medida este olhar alimenta uma pastoral familiar corajosa e fiel?

8. Quais são os valores do matrimônio e da família que os jovens e os cônjuges veem realizados na sua vida? E de que forma? Existem valores que podem ser evidenciados (cf. n. 13)? Quais são as dimensões de pecado que é necessário evitar e superar?

9. Que pedagogia humana é preciso considerar – em sintonia com a pedagogia divina – para compreender melhor o que é exigido da pastoral da Igreja, perante o amadurecimento da vida de casal, rumo ao futuro matrimônio (cf. n. 13)?

10. O que é preciso fazer para mostrar a grandeza e a beleza do dom da indissolubilidade, de modo a suscitar o desejo de vivê-la e construí-la cada vez mais (cf. n. 14)?

11. De que maneira poder-se-ia ajudar a entender que a relação com Deus permite vencer as fragilidades que estão inscritas, inclusive, nos relacionamentos conjugais (cf. n. 14)? Como testemunhar que a bênção de Deus acompanha cada matrimônio autêntico? Como manifestar que a graça do sacramento sustém os esposos em todo o caminho da sua vida?

A família no desígnio salvífico de Deus (nn. 15-16)

A vocação da criatura ao amor entre homem e mulher recebe a sua forma completa do acontecimento pascal de Cristo Senhor, que se entrega sem reservas, fazendo da Igreja o seu Corpo místico. Deste modo, haurindo da graça de Cristo, o matrimônio cristão torna-se a vereda pela qual todos os chamados caminham rumo à perfeição do amor, que é a santidade.

12. Como se poderia fazer compreender que o matrimônio cristão corresponde à disposição originária de Deus e, por conseguinte, é uma experiência de plenitude, de forma alguma de limite (cf. n. 13)?

13. Como conceber a família como "igreja doméstica" (cf. LG 11), sujeito e objeto da ação evangelizadora a serviço do Reino de Deus?

14. Como promover a consciência do compromisso missionário da família?

A família nos documentos da Igreja (nn. 17-20)

O magistério eclesial deve ser mais bem conhecido pelo Povo de Deus em toda a sua riqueza. A espiritualidade conjugal alimenta-se do ensinamento constante dos Pastores, que cuidam da grei, e amadurece graças à escuta incessante da Palavra de Deus, dos sacramentos da fé e da caridade.

15. A família cristã vive diante do olhar amoroso do Senhor e, na relação com ele, cresce como verdadeira comunidade de vida e de amor. Como desenvolver a espiritualidade da família, como ajudar as famílias a ser lugar de vida nova em Cristo? (cf. n. 21).

16. Como desenvolver e promover iniciativas de catequese que levem a conhecer e ajudem a viver o ensinamento da Igreja sobre a família, favorecendo a superação da distância possível entre o que é vivido e o que é professado, e promovendo caminhos de conversão?

A indissolubilidade do matrimônio e a alegria de viver juntos (nn. 21-22)

"O autêntico amor conjugal é assumido no amor divino, e dirigido e enriquecido pela força redentora de Cristo e pela ação salvadora da Igreja, a fim de que assim os esposos caminhem eficazmente para Deus e sejam ajudados e fortalecidos na sua missão sublime de pai e mãe. Por este motivo, os esposos cristãos são fortalecidos e como que consagrados em ordem aos deveres do seu estado por meio de um sacramento especial; cumprindo, graças à força deste, a própria missão conjugal e familiar, penetrados do espírito de Cristo que impregna toda a sua vida de fé, esperança e caridade, avançam sempre mais na própria perfeição e mútua santificação, e assim cooperam juntos para a glorificação de Deus" (*Gaudium et Spes*, 48).

17. Quais são as iniciativas para levar a compreender o valor do matrimônio indissolúvel e fecundo como caminho de plena realização pessoal? (cf. n. 21).

18. Como propor a família como lugar, sob muitos aspectos único, para realizar a alegria dos seres humanos?

19. O Concílio Vaticano II manifestou apreço pelo matrimônio natural, renovando uma antiga tradição eclesial. Em que medida as pastorais diocesanas sabem valorizar também esta sabedoria dos povos, como fundamental para a cultura e a sociedade comum? (cf. n. 22).

Verdade e beleza da família e misericórdia para com as famílias feridas e frágeis (nn. 23-28)

Depois de ter considerado a beleza dos matrimônios bem-sucedidos e das famílias sólidas, e de ter apreciado o testemunho generoso de quantos permaneceram fiéis ao vínculo, embora tenham sido abandonados pelo próprio cônjuge, os Pastores reunidos em Sínodo perguntaram-se – de modo aberto e corajoso, não sem preocupação e cautela – que olhar deve a Igreja dirigir aos católicos que vivem unidos unicamente mediante o vínculo civil, àqueles que ainda convivem e aos que, depois de um matrimônio válido, se divorciaram e voltaram a casar civilmente.

Conscientes dos limites evidentes e das imperfeições presentes em situações tão diferentes, os Padres assumiram positivamente a perspectiva indicada pelo Papa Francisco, em conformidade com a qual, "sem diminuir o valor do ideal evangélico, é preciso acompanhar, com misericórdia e paciência, as possíveis etapas de crescimento das pessoas, que se vão construindo dia após dia" (*Evangelii Gaudium*, 44).

20. Como ajudar a compreender que ninguém está excluído da misericórdia de Deus, e como manifestar esta verdade na ação pastoral da Igreja em benefício das famílias, de modo particular das feridas e frágeis? (cf. n. 28).

21. Como podem os fiéis mostrar, em relação às pessoas que ainda não alcançaram a plena compreensão do dom de amor de Cristo, uma atitude de acolhimento e de acompanhamento confiante, sem jamais renunciar ao anúncio das exigências do Evangelho? (cf. n. 24).

22. O que é possível fazer a fim de que, nas várias formas de união – em que se podem encontrar valores humanos –, o homem e a mulher sintam o respeito, a confiança e o encorajamento a crescer no bem, por parte da Igreja, e sejam ajudados a alcançar a plenitude do matrimônio cristão? (cf. n. 25).

Parte III
O CONFRONTO: PERSPECTIVAS PASTORAIS

Ao aprofundar a terceira parte da *Relatio Synodi*, é importante deixar-se orientar pela mudança pastoral que o Sínodo extraordinário começou a delinear, radicando-se no Concílio Vaticano II e no magistério do Papa Francisco. Às Conferências Episcopais compete continuar a aprofundá-la, comprometendo da maneira mais oportuna todos os componentes eclesiais, concretizando-a no seu contexto específico. É necessário fazer de tudo para que não se volte a começar do zero, mas que se assuma o caminho já percorrido no Sínodo extraordinário como ponto de partida.

Anunciar o Evangelho da família hoje, nos vários contextos (nn. 29-38)

À luz da necessidade de famílias e ao mesmo tempo dos desafios, numerosos e complexos, presentes no nosso mundo, o Sínodo ressaltou a importância de um renovado compromisso em prol do anúncio, franco e significativo, do Evangelho da família.

23. Na formação dos presbíteros e dos outros agentes no campo da pastoral, como é cultivada a dimensão familiar? São envolvidas as próprias famílias?

24. Há consciência de que a rápida evolução da nossa sociedade exige uma atenção constante à linguagem na comunicação pastoral? Como testemunhar eficazmente a prioridade da graça, de maneira que a vida familiar seja projetada e vivida como acolhimento do Espírito Santo?

25. Ao anunciar o Evangelho da família, como se podem criar as condições para que cada família seja como Deus a quer e seja socialmente reconhecida na sua dignidade e missão? Que "conversão pastoral" e que ulteriores aprofundamentos devem realizar-se nesta direção?

26. A colaboração ao serviço da família com as instituições sociais e políticas é porventura vista em toda a sua importância? Como ela é efetivamente levada a cabo? Quais são os critérios nos quais nos devemos inspirar? Que papel podem desempenhar, neste sentido, as associações familiares? Como tal colaboração pode ser apoiada também pela denúncia franca dos processos culturais, econômicos e políticos que minam a realidade familiar?

27. Como favorecer uma relação entre família – sociedade e política, em vantagem da família? Como promover o apoio da comunidade internacional e dos Estados à família?

Orientar os nubentes no caminho de preparação para o matrimônio (nn. 39-40)

O Sínodo reconheceu os passos dados nestes últimos anos para favorecer uma preparação adequada dos jovens para o matrimônio. No entanto, ressaltou também a necessidade de um maior compromisso por parte de toda a comunidade cristã, não apenas na preparação, mas também nos primeiros anos de vida familiar.

28. Como os percursos de preparação para o matrimônio devem ser propostos, de maneira a pôr em evidência a vocação e missão da família, segundo a fé em Cristo? São realizados como oferta de uma autêntica experiência eclesial? Como renová-los e aperfeiçoá-los?

29. Como a catequese de iniciação cristã apresenta a abertura à vocação e missão da família? Quais são os passos que se consideram como os mais urgentes? Como propor a relação entre batismo – eucaristia e matrimônio? De que modo pode-se realçar a índole de catecumenato e de mistagogia que os percursos de preparação para o matrimônio muitas vezes assumem? Como comprometer a comunidade nesta preparação?

Acompanhar os primeiros anos da vida matrimonial (n. 40)

30. Tanto na preparação como no acompanhamento dos primeiros anos de vida matrimonial, é adequadamente valorizada a importante contribuição de testemunho e de apoio que as famílias, associações e movimentos familiares podem oferecer? Que experiências positivas podem ser sugeridas neste campo?

31. A pastoral de acompanhamento dos casais nos primeiros anos de vida familiar – observou-se durante o debate sinodal – tem necessidade de um desenvolvimento ulterior. Quais são as iniciativas mais significativas já realizadas? Quais aspectos devem ser incrementados nos planos paroquial, diocesano, ou no âmbito de associações e movimentos?

Cura pastoral de quantos vivem no matrimônio civil ou convivem (nn. 41-43)

No debate sinodal foi evocada a diversidade das situações, devida a múltiplos fatores culturais e econômicos: praxes radicadas na tradição, dificuldades dos jovens diante de escolhas que comprometem para a vida inteira.

32. Quais critérios para um correto discernimento pastoral das várias situações devem ser considera-

dos à luz do ensinamento da Igreja, para a qual os elementos constitutivos do matrimônio são unidade, indissolubilidade e abertura à procriação?

33. A comunidade cristã é capaz de se comprometer pastoralmente em tais situações? Como ajuda a discernir estes elementos positivos, e os negativos, da vida de pessoas unidas em matrimônios civis, de maneira a orientá-las e assisti-las no caminho de crescimento e de conversão rumo ao sacramento do matrimônio? Como ajudar aqueles que convivem a decidir-se pelo matrimônio?

34. De maneira particular, que respostas dar às problemáticas levantadas pela subsistência das formas tradicionais de matrimônio por etapas ou combinado entre famílias?

Cuidar das famílias feridas (separados, divorciados não recasados, divorciados recasados, famílias monoparentais) (nn. 44-54)

No debate sinodal foi salientada a necessidade de uma pastoral regida pela *arte do acompanhamento*, dando "ao nosso caminhar o ritmo salutar da proximidade, com um olhar respeitoso e cheio de compaixão, mas que ao mesmo tempo cure, liberte e anime a amadurecer na vida cristã" (*Evangelii Gaudium*, 169).

35. A comunidade cristã está pronta para cuidar das famílias feridas, para levá-las a experimentar a misericórdia do Pai? Como comprometer-se para remover os fatores sociais e econômicos que muitas vezes as determinam? Quais passos já foram dados e quais ainda são necessários para o crescimento desta ação e da consciência missionária que a sustém?

36. Como promover o reconhecimento de linhas pastorais compartilhadas no nível de Igrejas particulares? Como desenvolver a tal propósito o diálogo entre as diversas Igrejas particulares, "cum Petro e sub Petro"?

37. Como tornar mais acessíveis e ágeis, possivelmente gratuitos, os procedimentos para o reconhecimento dos casos de nulidade? (n. 48).

38. A pastoral sacramental a favor dos divorciados recasados precisa de um ulterior aprofundamento, avaliando também a prática ortodoxa e tendo presente "a distinção entre situação objetiva de pecado e circunstâncias atenuantes" (n. 52). Quais são as perspectivas em que agir? Quais os passos possíveis? Quais sugestões para resolver formas de impedimentos indevidas ou desnecessárias?

39. As normas atuais permitem dar respostas válidas aos desafios levantados pelos matrimônios mistos

e pelos interconfessionais? É necessário ter em consideração também outros elementos?

A atenção pastoral às pessoas com tendência homossexual (nn. 55-56)

A cura pastoral das pessoas com tendência homossexual levanta hoje novos desafios, devidos também à maneira como são socialmente propostos os seus direitos.

40. Como a comunidade cristã dirige a sua atenção pastoral às famílias que, no seu seio, têm pessoas com tendência homossexual? Evitando qualquer discriminação injusta, de que modo pode-se cuidar das pessoas em tais situações, à luz do Evangelho? Como propor-lhes as exigências da vontade de Deus sobre a sua situação?

A transmissão da vida e o desafio da diminuição da natalidade (nn. 57-59)

A transmissão da vida constitui um elemento fundamental da vocação-missão da família: "Os cônjuges saibam que são cooperadores do amor de Deus Criador e como que seus intérpretes na tarefa de transmitir a vida humana e de educá-la; e devem considerá-la como uma missão que lhes compete" (*Gaudium et Spes*, 50).

41. Quais os passos mais significativos que foram dados para anunciar e promover eficazmente a abertura à vida e a beleza e a dignidade humana de ser mãe ou pai, à luz por exemplo da *Humanae Vitae* do Beato Paulo VI? Como promover o diálogo com as ciências e as tecnologias biomédicas, de maneira que seja respeitada a ecologia humana do gerar?

42. Uma maternidade/paternidade generosa tem necessidade de estruturas e instrumentos. A comunidade cristã vive uma solidariedade e subsidiaridade efetivas? Como? É corajosa na proposta de soluções válidas também em nível sociopolítico? Como encorajar a adoção e o acolhimento como sinal elevadíssimo de generosidade fecunda? Como promover o cuidado e o respeito pelas crianças?

43. O cristão vive a maternidade/paternidade como resposta a uma vocação. Na catequese é suficientemente salientada esta vocação? Quais são os percursos formativos propostos para que ela oriente efetivamente as consciências dos esposos? Estamos conscientes das graves consequências das mudanças demográficas?

44. Como é que a Igreja combate o flagelo do aborto, promovendo uma eficaz cultura da vida?

O desafio da educação e o papel da família na evangelização (nn. 60-61)

45. Para os pais, nem sempre é fácil desempenhar a sua missão educadora: encontram solidariedade e apoio no seio da comunidade cristã? Que percursos formativos devem ser sugeridos? Quais passos devemos dar a fim de que a tarefa educativa dos pais seja reconhecida também em nível sociopolítico?

46. Como promover nos pais e na família cristã a consciência do dever da transmissão da fé como dimensão intrínseca da própria identidade cristã?

SUMÁRIO

Prefácio 3

***Relatio Synodi* da III Assembleia Geral Extraordinária (5-19 de outubro de 2014)** 5

    Introdução 5

Parte I – A escuta: o contexto e os desafios sobre a família 9

    O contexto sociocultural 9
    A relevância da vida afetiva 12
    O desafio para a pastoral 14

Parte II – O olhar sobre Cristo: o Evangelho da família 15

    O olhar sobre Jesus e a pedagogia divina na história da salvação 15
    A família no desígnio salvífico de Deus 17
    A família nos documentos da Igreja 18
    A indissolubilidade do matrimônio e a alegria de viver juntos 21
    Verdade e beleza da família, misericórdia pelas famílias feridas e frágeis 22

Parte III – O confronto: perspectivas pastorais 27

    Anunciar o Evangelho da família hoje, nos vários contextos 27
    Orientar os nubentes no caminho de preparação para o matrimônio 30

Acompanhar os primeiros anos da vida
matrimonial 31
Cuidado pastoral de quantos vivem no
matrimônio civil ou convivem 32
Cuidar das famílias feridas (separados,
divorciados não recasados, divorciados
recasados, famílias monoparentais) 34
Atenção pastoral às pessoas com orientação
homossexual 39
A transmissão da vida e o desafio da
diminuição da natalidade 40
O desafio da educação e o papel da família
na evangelização 41

Conclusão 43

**Perguntas para a recepção e o aprofundamento
da *Relatio Synodi*** 45

Pergunta prévia referida a todas as seções
da *Relatio Synodi* 45

Parte I – A escuta: o contexto e os desafios sobre a
família 47

O contexto sociocultural (nn. 5-8) 48
A relevância da vida afetiva (nn. 9-10) 49
O desafio para a pastoral (n. 11) 50

Parte II – O olhar sobre Cristo: o Evangelho
da família 51

O olhar sobre Jesus e a pedagogia divina
na história da salvação (nn. 12-14) 52
A família no desígnio salvífico de Deus
(nn. 15-16) 53

A família nos documentos da Igreja (nn. 17-20)...54
A indissolubilidade do matrimônio e a alegria
de viver juntos (nn. 21-22)..................................54
Verdade e beleza da família, e misericórdia para
com as famílias feridas e frágeis (nn. 23-28) 56

Parte III – O confronto: perspectivas pastorais 59
Anunciar o Evangelho da família hoje,
nos vários contextos (nn. 29-38)..........................59
Orientar os nubentes no caminho de
preparação para o matrimônio (nn. 39-40) 61
Acompanhar os primeiros anos da vida
matrimonial (n. 40)...62
Cura pastoral de quantos vivem no
matrimônio civil ou convivem (nn. 41-43) 62
Cuidar das famílias feridas (separados,
divorciados não recasados, divorciados
recasados, famílias monoparentais)
(nn. 44-54)...63
A atenção pastoral às pessoas com tendência
homossexual (nn. 55-56)....................................65
A transmissão da vida e o desafio da
diminuição da natalidade (nn. 57-59)..................65
O desafio da educação e o papel da família
na evangelização (nn. 60-61)...............................67

Impresso na gráfica da
Pia Sociedade Filhas de São Paulo
Via Raposo Tavares, km 19,145
05577-300 - São Paulo, SP - Brasil - 2015